LE FRANÇAIS?
OUI, MERCI
3

Plus de 1000 mots avec jeux, exercices et bandes dessinées

EUROPEAN LANGUAGE INSTITUTE

© ELI S.r.l. - European Language Institute
P.O. Box 6 - 62019 Recanati - Italy - Tel. 071/976465 - Telefax 977851
Printed in Italy by Tecnostampa S.r.l. - Loreto - 1992

Après le succès des deux premiers volumes de la série «**Le Français? Oui, merci**» qui ont suscité un grand intérêt et un grand enthousiasme auprès des élèves et des enseignants, ELI publie le troisième volume. La qualité des volumes préparés par une équipe d'experts en didactique réside dans le fait qu'ils rendent l'apprentissage de la langue agréable et amusant, qu'ils sont stimulants tant pour les élèves que pour les enseignants qui trouvent là un excellent outil didactique.

Le troisième volume présente 15 thèmes à travers des planches de vocabulaire illustré qui se prêtent d'une manière sympathique à l'apprentissage ou à la révision du lexique. Chacune de ces planches est suivie de quatre pages de jeux et activités.

Les Bandes Dessinées sont une innovation dans ce troisième volume: en effet, six des quinze thèmes sont enrichis par des histoires de détective en BD à travers lesquelles l'élève est invité à découvrir le coupable. Le niveau linguistique de ce volume est plus élevé que les précédents tout en maintenant sa simplicité afin de permettre aux élèves de l'utiliser, seuls, chez eux ou bien pendant les vacances scolaires comme un outil de contrôle des connaissances de la langue française. La solution de jeux et des exercices est fournie dans les dernières pages.

After the enthusiastic reception of the first two volumes, ELI has to decided to publish the third volume of «English? Yes, please».

The main objective of our editorial team has been to make learning elementary vocabulary and structures easy and enjoyable. In this way, the stimulating material used in the «English? Yes, please» series can provide teachers or students with the perfect didactic tool to use in class or at home.

The third volume introduces fifteen themes using illustrated scenes to help students learn or revise vocabulary with great ease and pleasure.

Each subject is then followed by four pages of games and activities which revise the vocabulary and ensure consolidation.

Cartoons have been introduced for the first time in our series. We have added detective story cartoons to six of our fifteen themes which involve the reader in finding the solution to the mystery.

The level of the language in «English? Yes, please» volume three is obviously more advanced than that of the first two volumes in the series, however, it maintains its clarity and simplicity so that students can either use the book at school or at home by themselves to improve their command of the English language.

The solutions to all the games and activities are included at the back of the book.

We believe that this volume, like the first two, will be extremely useful and very interesting for both teachers and pupils at school, and during the school holidays.

Nach dem großen Erfolg der ersten zwei Bände der Reihe «Deutsch? Ja, bitte», die bei Lehrern und Schülern riesigen Anklang gefunden haben, veröffentlicht nun der Verlag ELI den dritten Band, der sicherlich genausogut ankommen wird. Das Besondere an diesen, von Experten in Fremdsprachendidaktik ausgearbeiteten Büchern liegt darin, daß sie das Erlernen der Vokabeln und der grammatischen Strukturen unterhaltsam und anregend gestalten. Deshalb sind sie für Schüler und Lehrer ein optimales didaktisches Hilfsmittel, das ihnen die Arbeit entscheidend erleichtert.

In diesem dritten Band werden anhand von illustrierten Szenen mit themenbezogenen Vokabeln 15 Themen präsentiert, die für unterhaltsame, didaktische Aktivitäten verwendet werden können. Auf jede Doppelseite folgen vier Seiten mit verschiedenen Übungen und Spielen.

Neu in diesem Buch sind die Comics, die sechs Themen mit Detektivgeschichten bereichern. Die Schüler werden aufgefordert, Detektiv zu spielen und die verschiedenen Fälle zu lösen. Das sprachliche Niveau dieses Bandes ist etwas höher als das der beiden ersten Bände, aber trotzdem ist die Aufmachung dermaßen einfach, daß die Schüler ohne weiteres allein damit arbeiten können, weil sie alle Übungen und Spiele anhand der im Buch abgedruckten Lösungen kontrollieren können.

Besonders zu empfehlen ist dieses ansprechende Buch für die Sommerferien.

Después del éxito de los dos primeros volúmenes de la serie «¿Español? Sí, gracias», muy bien acogidos por parte de profesores y alumnos, **ELI** publica ahora este tercer volumen con el convencimiento de que será igualmente bien recibido. El objetivo principal del equipo de expertos en didáctica que ha preparado esta obra vuelve a ser, una vez más, transformar el aprendizaje de las estructuras y del vocabulario en algo divertido y agradable. Por esta razón resulta útil no sólo para los estudiantes sino también para los profesores para quienes representa, además, un complemento didáctico ideal y un buen instrumento de trabajo. El tercer volumen presenta 15 situaciones ilustradas diferentes con su vocabulario correspondiente y una serie de juegos y ejercicios que facilitan el aprendizaje de las palabras nuevas y el repaso del léxico ya conocido.

La novedad de este tercer volumen la constituyen las historietas policiacas que complementan seis de los quince capítulos del libro. En ellas el lector tiene que descubrir al culpable, lo que capta automáticamente su atención.

El nivel lingüístico de este volumen es más alto respecto a los anteriores aunque sigue manteniendo los criterios de sencillez que permiten al estudiante utilizarlo autónoma e individualmente tanto en casa como durante las vacaciones de verano y de esta manera comprobar cuál es su nivel de español.

Las soluciones de los juegos y los distintos ejercicios se encuentran al final del libro.

Confiamos en que este libro, como los anteriores, resulte igualmente útil e interesante tanto para los alumnos como para los profesores.

Dopo il successo dei primi due volumi della serie «L'Italiano? Sì, Grazie!» accolti con interesse ed entusiasmo da studenti ed insegnanti, la ELI pubblica ora il terzo volume. L'obiettivo principale della nostra equipe di esperti di didattica è stato, anche in questo caso, quello di renderc l'apprendimento di lessico e strutture piacevole e divertente. Per questa ragione, oltre ad essere un simpatico ed attraente stimolo per gli studenti, i volumi offrono agli insegnanti un ottimo strumento didattico ed un facile sussidio per il loro lavoro.

Il terzo volume presenta 15 temi attraverso tavole situazionali di vocabolario illustrato che ben si prestano a piacevoli attività di apprendimento e di revisione del lessico. Ogni tavola è seguita da quattro pagine di giochi ed attività. I fumetti rappresentano la novità di questo terzo volume, infatti sei dei quindici temi sono arricchiti da storie a fumetti, che coinvolgono il lettore nella risoluzione dell'intrigo.

Il livello linguistico di questo volume è più alto rispetto ai precedenti, tuttavia esso mantiene la sua semplicità per permettere agli studenti di utilizzarlo da soli sia durante l'anno scolastico sia nelle vacanze estive, come utilissimo e piacevole strumento per verificare la propria conoscenza della lingua straniera.

Le soluzioni delle attività e dei giochi sono all'interno del libro.

Crediamo che anche questo volume, come i precedenti, sarà estremamente utile ed interessante sia per gli studenti che per gli insegnanti.

LA VILLE

les immeubles

le toit

le monument

le marché   la rue

le musée

la place

la fontaine

le parking

le trottoir

le canal

les arcades

le bar

la fourgonnette

le restaurant

l'affiche

le cinéma

Où pouvons-nous trouver une station de taxi?

la bicyclette

Marc

Marie

la cathédrale   la tour   le réverbère   le stade   l'arrêt d'autobus

l'autobus

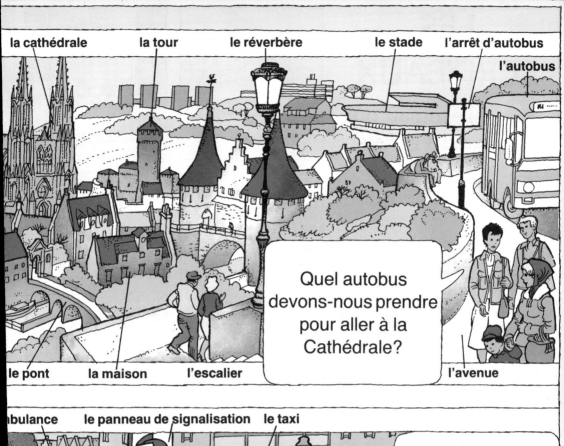

le pont   la maison   l'escalier   l'avenue

...bulance   le panneau de signalisation   le taxi

passage sous-terrain   le passant   le policier

LES ÉCRITEAUX

Trouve l'écriteau qui correspond à l'image.

A 5

B

1 NE PAS TOUCHER LA MARCHANDISE!

2 NE PAS DONNER À MANGER AUX ANIMAUX

C

D

PHOTOGRAPHIES INTERDITES

3

PARKING RÉSERVÉ AUX CLIENTS

4

ATTACHEZ VOS CEINTURES DE SÉCURITÉ

5

E

HÔTEL

F

NE PAS PARLER AU CHAUFFEUR

6

TIRER

POUSSER

7

ATTENTION AU CHIEN

8

G

H

NE PAS SE PENCHER AU DEHORS

9

INTERDIT DE MARCHER SUR LES PLATES-BANDES

10

I

J

RUE TOULON

Lis les phrases, puis écris à côté de chaque numéro le nom de l'édifice qui correspond.

- La bibliothèque est en face de la banque
- Le bar et le supermarché sont sur la gauche
- Le restaurant est en face de l'arbre
- L'école est à côté du restaurant
- Il y a une voiture garée en face de la banque
- Le cinéma est entre la banque et l'école
- Le toit du supermarché est vert
- Après avoir posté sa lettre la femme vient de traverser la rue

1. ....

2. ....

3. le bureau de poste

4. ....

5. ....

6. ....

7. ....

8. ....

L'INSPECTEUR

Viens, c'est l'heure du film!

Bonjour, inspecteur! Il y a eu une tentative de vol.

Venez, je vais vous montrer!

Le voleur a essayé d'ouvrir la caisse avec un tournevis.

Il s'est enfui quand il m'a entendu arriver.

Mais il a oublié le tournevis!

11

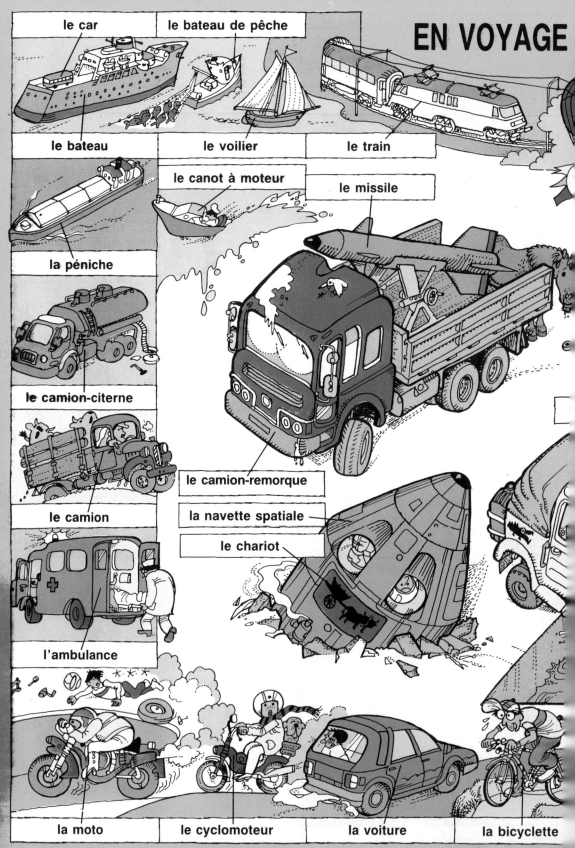

le car

le bateau de pêche

le bateau

le voilier

le train

le canot à moteur

le missile

la péniche

le camion-citerne

le camion-remorque

la navette spatiale

le chariot

le camion

l'ambulance

la moto

le cyclomoteur

la voiture

la bicyclette

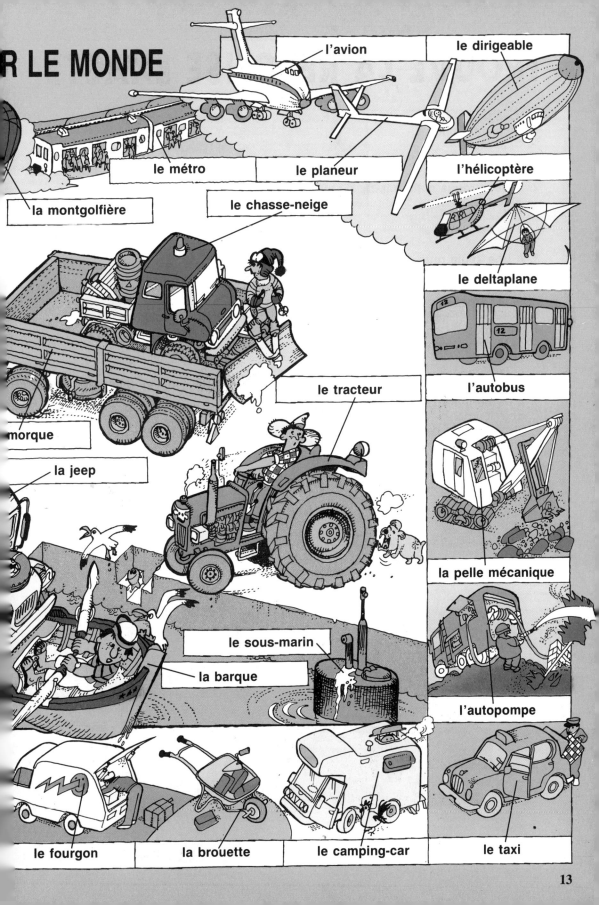

R LE MONDE

l'avion

le dirigeable

le métro

le planeur

l'hélicoptère

la montgolfière

le chasse-neige

le deltaplane

...morque

le tracteur

l'autobus

la jeep

la pelle mécanique

le sous-marin

la barque

l'autopompe

le fourgon

la brouette

le camping-car

le taxi

TROUVE LA RÉPONSE EXACTE

1. Voyage sous terre:
☐ a) le sous-marin
☒ b) le métro
☐ c) la péniche

2. A deux roues mais pas de moteur:
☐ a) le cyclomoteur
☐ b) le chariot
☐ c) le camion

3. A une seule roue:
☐ a) la brouette
☐ b) le tracteur
☐ c) la barque

4. Est très utile en montagne:
☐ a) le chasse-neige
☐ b) le taxi
☐ c) la barque

5. A de nombreux sièges:
☐ a) le fourgon
☐ b) le camping-car
☐ c) l'autobus

6. Voyage sous la mer:
☐ a) la montgolfière
☐ b) le sous-marin
☐ c) la brouette

7. Utile en cas d'incendie:
☐ a) le camion-citerne
☐ b) l'auto-pompe
☐ c) le taxi

8. Utile en cas d'accident:
☐ a) l'ambulance
☐ b) le camion
☐ c) le tracteur

9. A voyagé dans l'espace:
☐ a) le chariot
☐ b) la péniche
☐ c) la navette spatiale

10. C'est un «ballon» volant:
☐ a) le planeur
☐ b) l'hélicoptère
☐ c) la montgolfière

11. Roule sur des rails:
☐ a) l'autobus
☐ b) le train
☐ c) le taxi

12. C'est une maison sur roues:
☐ a) la péniche
☐ b) le missile
☐ c) le camping-car

LA VOITURE

Écris le chiffre qui correspond à chacun des éléments de la voiture.

1	la clé de contact	☐	le siège
☐	la ceinture de sécurité	☐	le rétroviseur
☐	le coffre	☐	la portière
☐	le phare	☐	l'essuie-glace
☐	la vitre	☐	la plaque d'immatriculation
☐	le pare-chocs	☐	le volant
☐	le pneu	☐	le capot

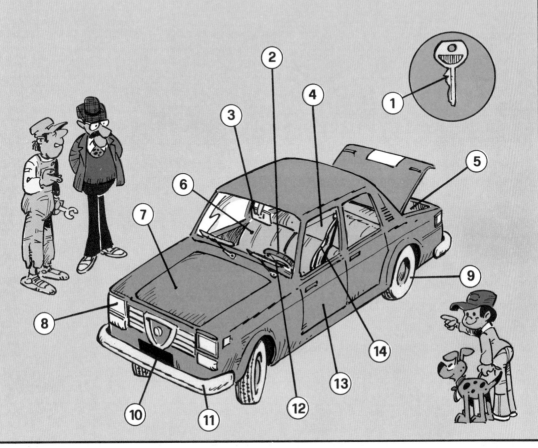

15

LE MOT À TROUVER

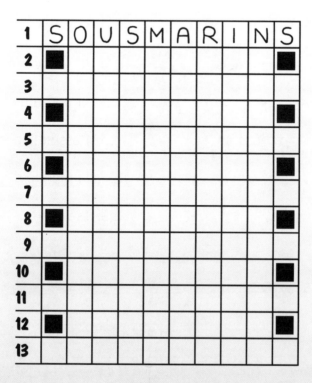

1	S	O	U	S	M	A	R	I	N	S

1. Ils permettent de «voyager» au fond de l'eau.
2. Elles naviguent sur les fleuves et les cours d'eau.
3. C'est un moyen de transport économique à deux roues.
4. Il est préférable de la fermer avant de démarrer.
5. Celles des pompiers sont rouges.
6. On le voit dans les champs.
7. Elles transportent les blessés.
8. Il ne faut pas oublier de la boucler avant de partir.
9. C'est une maison sur roues.
10. Elle est en général derrière le camion.
11. Moyen de transport aérien qui n'est plus guère utilisé.
12. Elle est utile au jardinier.
13. C'est un «avion sans moteur».

PANNEAUX ROUTIERS

Écris le chiffre qui correspond à chaque panneau.

1.

2.

3.

4.

5.

6.

7.

8.

A. parking ☐ 2

B. route prioritaire avec croisement ☐

C. interdit de dépasser ☐

D. endroit fréquenté par les enfants ☐

E. stationnement interdit ☐

F. circulation interdite ☐

G. interdit aux bicyclettes ☐

H. voie sans issue ☐

LA BANQUE

S'il vous plaît, pourriez-vous me changer ces dollars?

le coffre

la queue

les chèques

les cartes de crédit

le caissier   l'argent   le portefeuille

L'AGENCE DE VOYAGES

les cartes (les plans)   le dépliant   l'employée

le terminal pour les réservations

LE BUREAU DE POSTE

LES MOTS QU'IL FAUT!

Associe à chaque dessin la phrase qui correspond.

1. Santé! Santé!
2. Enchanté de faire votre con- naissance.
3. Je vous présente Mademoi- selle Legros.
4. Fais attention!
5. Allô! Qui est à l'appareil?
6. Je suis en retard.
7. Quel dommage!
8. Quelque chose ne va pas?
9. Oh! Quelle peur!

LA LETTRE D'INVITATION

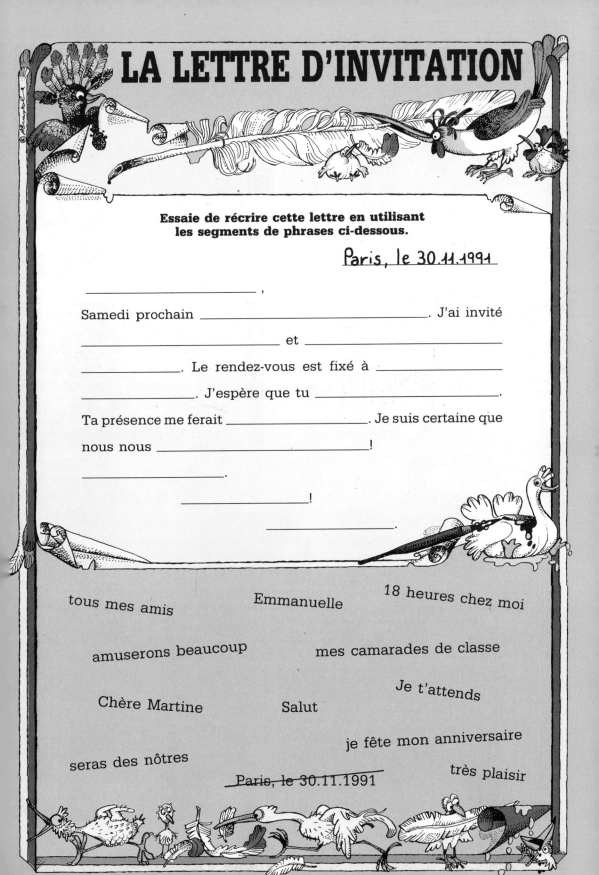

Essaie de récrire cette lettre en utilisant les segments de phrases ci-dessous.

Paris, le 30.11.1991

_____ ,

Samedi prochain _____. J'ai invité

_____ et _____

_____. Le rendez-vous est fixé à _____

_____. J'espère que tu _____.

Ta présence me ferait _____. Je suis certaine que

nous nous _____ !

_____.

_____ !

_____.

tous mes amis   Emmanuelle   18 heures chez moi

amuserons beaucoup   mes camarades de classe

Je t'attends

Chère Martine   Salut

je fête mon anniversaire

seras des nôtres

Paris, le 30.11.1991   très plaisir

21

Hugues & Pierre

En vacances dans les Alpes.

Allons prendre des photos.

Regarde, Pierre, la police!

Je vois, oui.

Les agents emmènent quelqu'un.

Pardon, qu'est-il arrivé?

Un drame! Je suis ruiné!

On m'a volé un timbre rouge de deux centimes.

Deux centimes?!?

Oui, Hugues, ce timbre vaut des millions!

Vraiment?!?

Vous avez des soupçons?

Oui, et la police a arrêté un suspect. Mais il continue à nier.

Il s'agit de mon vendeur. Ce ne peut être que lui pourtant...

Quelle est l'erreur faite par le vendeur et pourquoi?

LES MOTS EN PLACE

Écris les mots dans la grille selon le nombre de lettres.

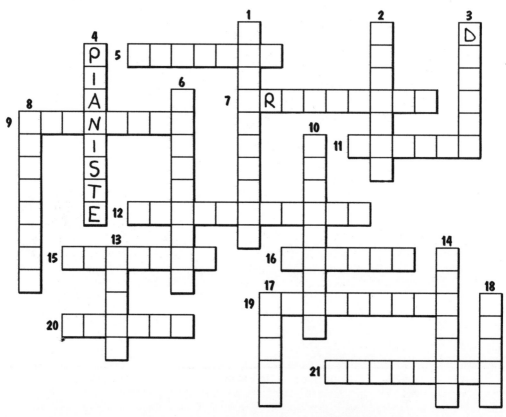

5 LETTRES
☐ micro ☐ piste ☐ danse

6 LETTRES
☐ groupe ☐ barman ☐ disque
☐ casque

7 LETTRES
☐ console ☐ guitare ☐ batteur
☐ lumière

8 LETTRES
☐ cassette ☒ pianiste ☐ chanteur
☐ cymbales

9 LETTRES
☐ partition ☐ disquaire ☐ orchestre
☐ trompette

10 LETTRES
☐ guitariste

11 LETTRES
☐ discothèque

QUI EST-CE?

Retrouve dans la grille le nom des chanteurs cités ci-dessous. Les lettres restantes te donneront celui de la chanteuse figurant sur la photo.

❏ New Kids On The Block ❏ Sting

❏ Europe ❏ Eurythmics

_ _ _ _ _   _ _ _ _

Martine   Richard   Roger

LES MUSICIENS

Après avoir lu les indications essaie d'associer l'instrument et le musicien qui correspond. Les instruments sont: la batterie, la guitare, le piano, le saxophone, la trompette, le violon.

1. Georges et André jouent d'un instrument à cordes.

2. Richard et Roger jouent assis.

3. Élise et Martine jouent d'un instrument à vent.

4. Richard joue d'un instrument à touches.

5. André utilise un archet.

6. Roger utilise des baguettes.

7. Martine joue du même instrument que le célèbre Louis Armstrong.

Élise   André   Georges

LES MOTS CACHÉS

Retrouve dans la grille les mots de la liste. Les lettres qui restent forment l'autre nom de la discothèque.

```
G  I  T  R  O  M  P  E  T  T  E  D
U  N  B  B  D  I  S  Q  U  E  E  I
I  S  A  X  O  P  H  O  N  E  R  S
T  T  R  G  U  I  T  A  R  E  T  Q
A  R  M  O  I  E  T  S  I  P  S  U
R  U  A  T  P  C  A  S  Q  U  E  A
I  M  N  M  I  C  R  O  E  O  H  I
S  E  P  I  A  N  O  B  A  R  C  R
T  N  D  A  N  S  E  U  R  G  R  E
E  T  A  B  O  U  R  E  T  S  O  S
T  R  O  M  P  E  T  T  I  S  T  E
```

☒ barman   ☐ guitare   ☐ piano-bar

☐ casque   ☐ guitariste   ☐ piste

☐ danseur   ☐ instrument   ☐ saxophone

☐ disque   ☐ micro   ☐ tabourets

☐ disquaires   ☐ orchestre   ☐ trompette

☐ groupe   ☐ piano   ☐ trompettiste

* ___ ___ ___ ___ ___

29

ALLONS AU THÉÂTRE

l'affiche

la loge

les décors

l'accessoirist

le guichet des billets

le billet

les perruques

les barbes

la moustache

le coiffeur

les éléments du décor

la maquilleuse

le figurant

le décorateur

l'actrice

projecteur   le metteur en scène   le rideau   les loges   le micro

le présentateur

le masque

le spectateur

le chef d'orchestre

le manuscrit

la costumière/ l'habilleuse

les musiciens

acteur

électricien   l'opérateur   le souffleur   les costumes

LES DIFFÉRENCES

Observe bien ces deux dessins. Ils sont apparemment identiques. Mais 8 erreurs les différencient. À toi de les trouver.

1. _____Le décor_____   5. _____

2. _____   6. _____

3. _____   7. _____

4. _____   8. _____

MOTS CROISÉS

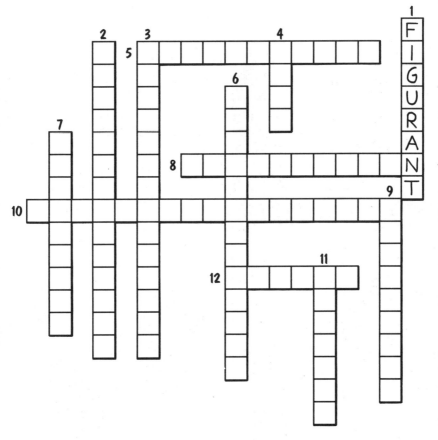

1. F I G U R A N T

X. Il n'est pas au premier plan, mais il a son importance: le...

2. Les musiciens doivent suivre attentivement le...

3. C'est lui qui dirige les acteurs: le...

4. L'acteur se prépare dans sa...

5. Elle transforme le visage des acteurs: la...

6. Il trouve les différents objets: l'...

7. Pour apprendre leur rôle, les acteurs ont une copie du...

8. Si les lumières ne fonctionnent pas on appelle l'...

9. Quand l'acteur ne se rappelle plus son texte, il a besoin du...

10. Avant d'entrer, les spectateurs achètent les billets au...

11. Sans eux, le théâtre n'existe pas: les...

12. Il se lève quand le spectacle commence: le...

L'INSPECTEUR

L'AÉROPORT

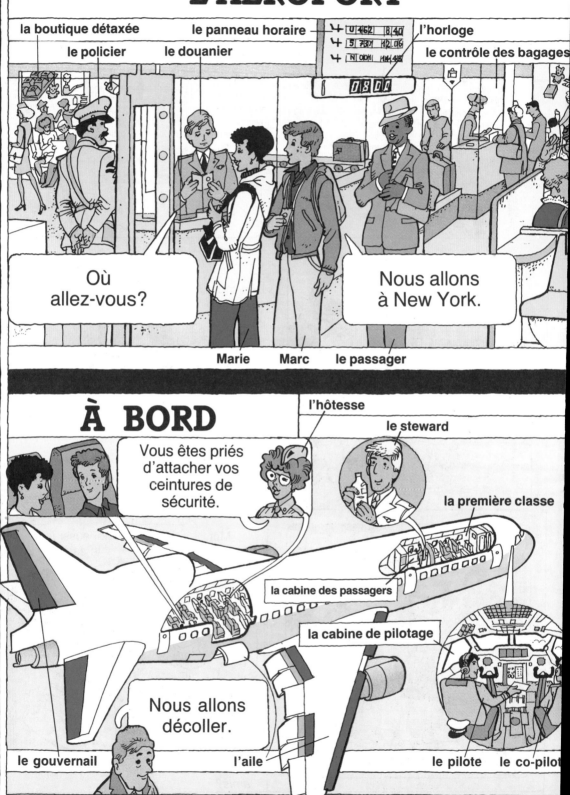

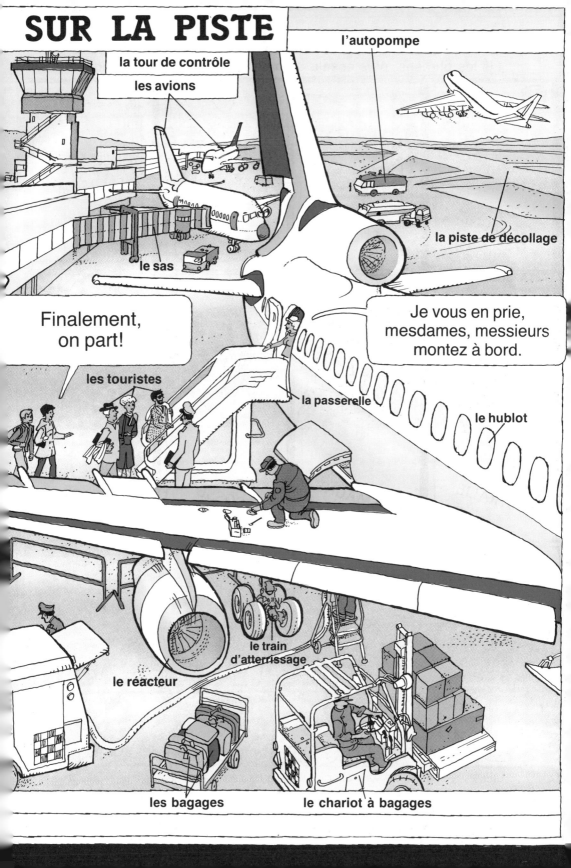

OÙ VONT-ILS EN VACANCES?

Lis les phrases, puis essaie de deviner le pays dont il s'agit.

ESPAGNE ①

ITALIE ○

KENYA ○

SUISSE ○

AUSTRALIE ○

ALLEMAGNE ○

ÉCOSSE ○

FRANCE ○

Je veux me reposer sur les plages de la Costa Brava.

J'ai toujours désiré observer les animaux en liberté

Mon programme est de visiter de vieux monuments, églises...

Je vais visiter les châteaux de la Loire.

1 2 3 4

5 6 7 8

Nous pourrons voir les kangourous.

Je vais aller voir mon cousin à Berlin.

Je ne sais pas si je vais pouvoir photographier Nessie?

Cette année je vais passer mes vacances à la montagne.

TROUVE LA RÉPONSE EXACTE

1. Pour monter dans l'avion on utilise:
☐ a) le chariot
☒ b) la passerelle
☐ c) la piste

2. Il est aux commandes de l'avion:
☐ a) le timonier
☐ b) le steward
☐ c) le pilote

3. Il indique les horaires des départs et des arrivées:
☐ a) le panneau horaire
☐ b) l'horloge
☐ c) le hublot

4. Le verbe utilisé pour un avion qui démarre est:
☐ a) voler
☐ b) boucler la ceinture
☐ c) décoller

5. Le verbe utilisé pour une personne qui va dans l'avion est:
☐ a) décoller
☐ b) monter à bord
☐ c) rentrer

6. Il vole en utilisant les courants d'air:
☐ a) l'hélicoptère
☐ b) l'avion
☐ c) le deltaplane

7. L'adjectif utilisé pour un avion est:
☐ a) vide
☐ b) rapide
☐ c) occupé

8. Permet d'accéder à l'avion sans sortir:
☐ a) la passerelle
☐ b) le sas
☐ c) le hublot

9. Le trafic aérien est réglé à partir de:
☐ a) la tour de contrôle
☐ b) la piste d'atterrissage
☐ c) la cabine de pilotage

10. Lorsque l'avion va atterrir il sort:
☐ a) la passerelle
☐ b) le sas
☐ c) le train d'atterrissage

11. Lorsqu'on veut laisser ses bagages à la gare ou à l'aéroport on va:
☐ a) au guichet des billets
☐ b) à la consigne
☐ c) au bureau de renseignements

12. Lorsque l'avion décolle ou atterrit, il faut:
☐ a) attacher la ceinture de sécurité
☐ b) fumer et se promener dans l'avion
☐ c) ouvrir le hublot pour profiter de la vue

13. Avant d'accéder à l'avion les passagers doivent passer:
☐ a) par le contrôle des bagages
☐ b) par le passage à contrôle électronique
☐ c) par la tour de contrôle

SUR LA PISTE...

Observe attentivement les deux dessins et cherche dans la liste les six détails qui les différencient. Ensuite, écris ces noms dans la grille ci-dessous en t'aidant des lettres déjà placées. Dans la colonne marquée d'une flèche, tu pourras lire ....

▼

			P	A	S	S	A	G	E	R	S		
		A											
	A							A					
							E						E
				E									

☐ pilote ☐ horloge ☒ passagers ☐ hélicoptère ☐ tour de contrôle ☐ fusée ☐ porteur ☐ hublot ☐ cabine téléphonique ☐ kiosque à journaux ☐ chariot à bagages ☐ aile ☐ passerelle ☐ avion

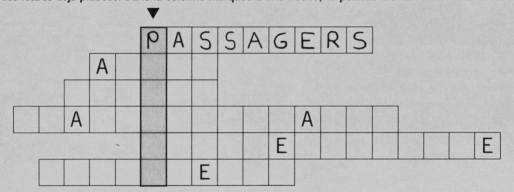

40

LES MOTS EN PLACE

Écris dans la grille les mots selon les nombre de lettres.

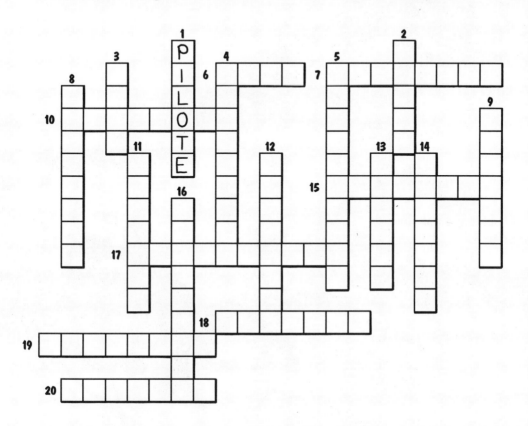

4 LETTRES
☐ aile ☐ bord

5 LETTRES
☐ piste

6 LETTRES
☒ pilote ☐ cabine

7 LETTRES
☐ horloge ☐ hôtesse ☐ steward
☐ chariot ☐ bagages

8 LETTRES
☐ douanier ☐ co-pilote ☐ réacteur
☐ policier ☐ passager ☐ aéroport

9 LETTRES
☐ touristes ☐ autopompe

10 LETTRES
☐ gouvernail ☐ passerelle

UNE EXCURSION À LA MONTAGNE

le bois — les arbres — les nuages — le lac — la colline

la cascade

le village

les champs cultivés
le pont

la rivière

la route

le buisson

la vache

les champignons — les fleurs — le cheval — le veau

Combien d'activités y a-t-il dans cette scène? L'équitation...

la montagne

le glacier

les rochers

la neige

la ferme

les moutons

la vallée

le paysan

la corneille

la tente

les ânes

les oies

la poule

les canards

s chevrettes

les poussins

LE MOT À TROUVER

1. C'est le petit de la poule.
2. On y dort quand on fait du camping.
3. Chute d'eau.
4. Elle nous donne les oeufs.

5. Groupe de maisons.
6. Elle nous donne le lait.
7. Il faut un pont pour la traverser.
8. On y marche et on y roule.

1	P	O	U	S	S	I	N
2	■					■
3						
4	■					■
5						
6	■					■
7						
8	■					■
9						
10	■					■
11						
12	■					■
13						
14	■					■
15						
16	■					■

9. Groupe d'arbustes.
10. Habitation à la campagne.
11. Ils nous donnent la laine.
12. Elle tombe en hiver.

13. Ce n'est pas encore la montagne.
14. On le cultive.
15. Sorte de montagne de glace.
16. Elle est formée d'une tige et de pétales.

LE CONDOR

En partant du condor, suis la ligne qui te conduira au premier nuage. En répondant exactement aux questions des huit nuages, tu arriveras au nid du condor.

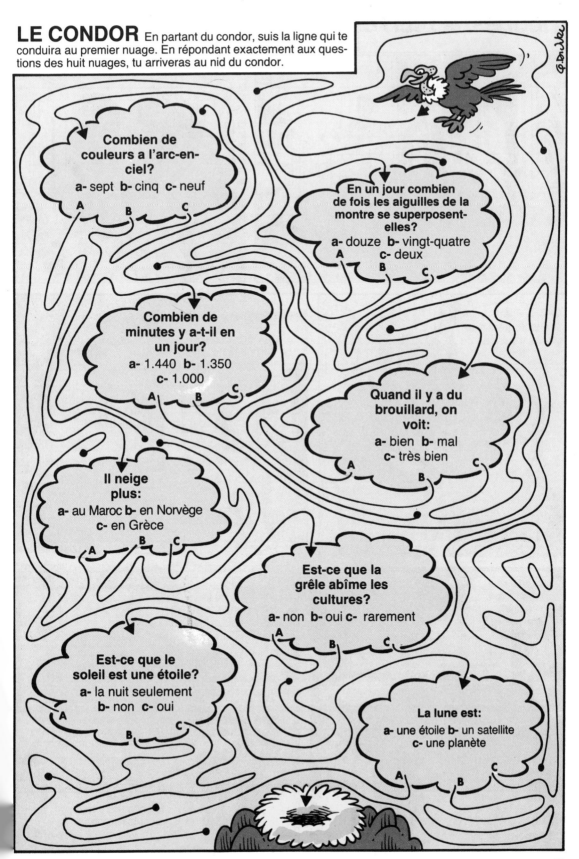

Combien de couleurs a l'arc-en-ciel?
a- sept b- cinq c- neuf
A   B   C

En un jour combien de fois les aiguilles de la montre se superposent-elles?
a- douze b- vingt-quatre c- deux
A   B   C

Combien de minutes y a-t-il en un jour?
a- 1.440 b- 1.350 c- 1.000
A   B   C

Quand il y a du brouillard, on voit:
a- bien b- mal c- très bien
A   B   C

Il neige plus:
a- au Maroc b- en Norvège c- en Grèce
A   B   C

Est-ce que la grêle abîme les cultures?
a- non b- oui c- rarement
A   B   C

Est-ce que le soleil est une étoile?
a- la nuit seulement b- non c- oui
A   B   C

La lune est:
a- une étoile b- un satellite c- une planète
A   B   C

45

Hugues & Pierre

Combien nous reste-t-il d'argent?

Rien, malheureusement!

Il faut absolument que nous trouvions du travail!

...Ainsi...

Bah! Gardiens nocturnes dans un entrepôt...

C'est toujours un travail.

Examinons encore ces caisses.

Oui, surtout celle qui a le numéro douze!

Elle contient de précieux vases chinois.

Alors faisons notre tour et puis revenons vite ici!

LE CAMPING

la caravane

l'auvent

la voiture

le réchaud

la chaise longue

le barbecue

le camping-car

la lampe à gaz

la trousse d'urgence

l'ouvre-boîtes

l'ouvre-bouteilles

la moto

la lampe-torche

le casque

Installons notre tente sur un empla-cement bien plat.

QUAND LES MOTS SE CROISENT

Horizontalement

X. Sert à ouvrir les bouteilles.
4. Véhicule à deux roues.
5. On l'utilise pour cuire les grillades.
8. On les utilise pour fixer la tente.
10. Filet servant de lit.
11. Sac que l'on emporte pour camper.
15. Elle permet de s'éclairer.
16. Ensemble de pins.

Verticalement

1. On l'utilise pour ouvrir les boîtes.

2. Elle est utile pour les petits soins.
3. Un peu plus confortable que le sac de couchage.
6. Obligatoire quand on va en moto.
7. Utile dans l'obscurité.
9. C'est une maison sur roues.
12. Il permet de passer d'une rive à l'autre.
13. Pour unir deux cordes.
14. Étendue d'herbe.

QUI DIT QUOI?

Essaie de remettre dans la bouche de chacun des personnages la phrase qui convient.

A. ......   B. ......   C. ......   D. ......   E. ......   F. ......

VRAI ou FAUX?

**Observe attentivement la scène sur le camping
et réponds par vrai ou faux.**

	V	F
1. Il y a un seul animal.	☐	☒
2. Il y a un seul camping-car.	☐	☐
3. Une jeune fille est en train de planter un piquet.	☐	☐
4. Il y a une moto.	☐	☐
5. Une personne va chercher de l'eau.	☐	☐
6. Le réchaud est éteint.	☐	☐
7. Un sentier traverse le camping.	☐	☐
8. Il y a un village pas très loin du camping.	☐	☐
9. Le camping est au bord de la mer.	☐	☐
10. Dans le camping, il n'y a pas d'arbres.	☐	☐
11. Un chien a renversé un camping-gaz.	☐	☐
12. Il y a des vaches dans le pré.	☐	☐
13. Une voiture est en train d'arriver au camping.	☐	☐
14. Le camping est entouré d'une clôture.	☐	☐
15. La rivière coule très loin du camping.	☐	☐

LES MOTS CACHÉS

Retrouve dans la grille les mots de la liste. Les lettres qui restent forment le nom de ce qui tient lieu de «maison» au camping.

```
C A M P I N G G A Z L C
A U A P I N E D E C A H
R V R I V I E R E A M A
A E T L M H A M A C P I
V N E I T A B L E O E S
A T A T E N T E C L T E
N H U D P O N T L L O L
E E P E D R O C O I R O
I R E C H A U D T N C N
P M B A R B E C U E H G
R O N M O T O G R C E U
E S A P P I Q U E T R E
```

☒ auvent   ☐ hamac   ☐ pré

☐ barbecue   ☐ lampe-torche   ☐ réchaud

☐ camping-gaz   ☐ lit de camp   ☐ rivière

☐ caravane   ☐ marteau   ☐ table

☐ chaise longue   ☐ moto   ☐ tente

☐ clôture   ☐ pinède   ☐ thermos

☐ colline   ☐ piquet

☐ corde   ☐ pont

* _ _ _ _ _ _ _ _ - _ _ _

LES ANIMAUX ...MARINS

le goéland/
la mouette

le hibou

le dauphin

la baleine

le thon

la méduse

le requin

l'écrevisse

le poisson marteau

l'espadon

la langouste

le poulpe

la murène

la tortue de mer

la seiche

le crabe

l'étoile de mer

la raie

la sole

...DES BOIS ET DE LA MONTAGNE

le bouquetin

l'aigle

le loup

l'écureuil

les papillons

le chamois

la marmotte

les abeilles

le sanglier

les fourmis

le renard

l'ours

le hérisson

la vipère

le cerf

le lièvre

la taupe

le blaireau

la fouine

Complète les phrases suivantes en utilisant le vocabulaire de cette page:

Pour le marin, elle annonce la présence d'une terre proche ....

On devient rouge comme une .... quand on reste trop au soleil.

De nombreuses légendes racontent que des marins ont été sauvés par des ....

Sa vue perçante et sa taille font de .... le roi du ciel et le meilleur des oiseaux de proie.

Lorsqu'il fait très froid, l'hiver, on dit qu'il fait un froid de ....

Une personne qui dort beaucoup est surnommée: ....

Le .... est symbole de la ruse.

On dit d'une personne qui court vite qu'elle court comme un ....

TROUVE LA RÉPONSE EXACTE

1. Il a le nez comme une épée:
☐ a) l'écrevisse
☒ b) l'espadon
☐ c) la langouste

2. Sa morsure est dangereuse:
☐ a) la tortue
☐ b) la seiche
☐ c) la murène

3. Il a 8 bras appelés tentacules:
☐ a) le poulpe
☐ b) le crabe
☐ c) le thon

4. Sa chair est conservée dans l'huile:
☐ a) le requin
☐ b) le dauphin
☐ c) le thon

5. Vit dans la mer mais ne nage pas:
☐ a) la tortue
☐ b) le crabe
☐ c) la raie

6. C'est un oiseau marin:
☐ a) la mouette
☐ b) le pigeon
☐ c) le hibou

7. Son corps est couvert de piquants:
☐ a) la taupe
☐ b) la fouine
☐ c) le hérisson

8. C'est l'animal symbole de la montagne:
☐ a) le blaireau
☐ b) le chamois
☐ c) l'écureuil

9. Il court, saute, hurle:
☐ a) le loup
☐ b) le sanglier
☐ c) le lièvre

10. Il a une vue très perçante:
☐ a) l'ours
☐ b) l'aigle
☐ c) le sanglier

11. C'est le plus grand mammifère:
☐ a) la baleine
☐ b) le dauphin
☐ c) l'ours

12. Il est synonyme de l'épargne:
☐ a) la marmotte
☐ b) le renard
☐ c) l'écureuil

13. Cet animal vit sous la terre, dans des galeries:
☐ a) la fouine
☐ b) la taupe
☐ c) la vipère

14. Il est le symbole de la ruse:
☐ a) l'ours
☐ b) le lièvre
☐ c) le renard

COMBIEN DE MOTS CONNAIS-TU?

Trouve l'intrus de chaque série de mots.

1. ☐ AILES ☒ MUSEAU ☐ AIGUILLON

2. ☐ DÉFENSES ☐ TROMPE ☐ CRINIÈRE

3. ☐ NAGEOIRES ☐ PLUMES ☐ ÉCAILLES

4. ☐ FOURRURE ☐ GRIFFES ☐ AILES

5. ☐ SERRES ☐ PLUMES ☐ BRANCHIES

6. ☐ SABOTS ☐ CRINIÈRE ☐ DÉFENSES

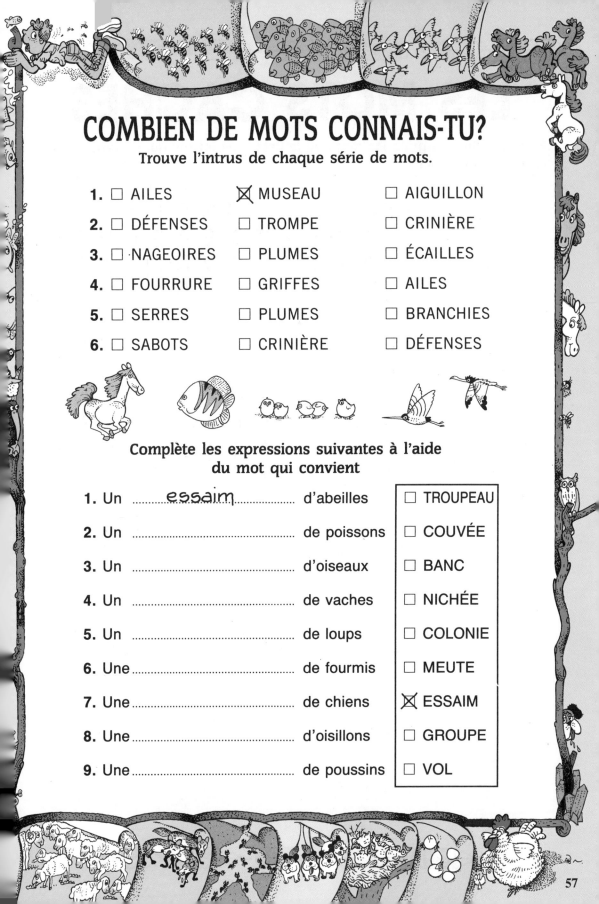

Complète les expressions suivantes à l'aide du mot qui convient

1. Un ......essaim...... d'abeilles ☐ TROUPEAU

2. Un .... de poissons ☐ COUVÉE

3. Un .... d'oiseaux ☐ BANC

4. Un .... de vaches ☐ NICHÉE

5. Un .... de loups ☐ COLONIE

6. Une......................... de fourmis ☐ MEUTE

7. Une......................... de chiens ☒ ESSAIM

8. Une......................... d'oisillons ☐ GROUPE

9. Une......................... de poussins ☐ VOL

57

LES MOTS CACHÉS

Retrouve dans la grille les mots de la liste. Les lettres qui restent forment le nom d'un animal.

☒ abeilles
☐ aigle
☐ baleine
☐ blaireau
☐ bouquetin
☐ cerf
☐ chamois
☐ crabe
☐ écrevisse
☐ écureuil
☐ espadon
☐ étoile de mer
☐ fouine
☐ fourmis
☐ hérisson
☐ marmotte
☐ méduse
☐ mouette
☐ ours
☐ papillon

☐ poisson-marteau
☐ poulpe
☐ raie
☐ renard
☐ sanglier
☐ seiche

☐ sole
☐ taupe
☐ thon
☐ tortue de mer
☐ vipère

```
P A P I L L O N S E I C H E
O M O U E T T E A S E H E C
I L D E S C A V N P C A R R
S E R S I R U I G A U M I E
S L A U M A P P L D R O S V
O G N D R B E E I O E I S I
N I E E U E O R E N U S O S
M A R M O T T E R A I E N S
A C E R F O U I N E L O N E
R S O L E N I T E U Q U O B
T O R T U E D E M E R R H U
E T O I L E D E M E R S T P
A B E I L L E S P O U L P E
U A E R I A L B A L E I N E
```

* __ __ __ __

58

LES MOTS POUR LE DIRE

De nombreuses expressions empruntent leur vocabulaire au monde animal...
Trouve l'expression exacte en complétant avec le nom de l'animal approprié.

1. Il a mal agit: maintenant il verse des larmes de .... *crocodile* ....

2. Il n'a pas mangé depuis deux jours: il a une faim de ....

3. Cette terrible nouvelle me donne la chair de ....

4. Il est très malade, il a une fièvre de ....

5. Il se rappelle tout, il a une mémoire d'..

6. Cet hiver il a fait un froid de ....

7. Il est très embarrassé, il se sent comme un .... hors de l'eau.

☐ canard ☐ cheval ☒ crocodile ☐ éléphant ☐ loup ☐ poule ☐ poisson

L'ÎLE TROPICALE

la barrière de corail

les coraux

l'île

la mer

la mouette

le surf

les requins

le rocher

les vagues

la barque

le canoë

la tortue de mer

les coquillages

l'oiseau du paradis

les nuages

le ciel

le poisson

l'étoile de mer

le perroquet

les noix de coco

les palmiers

le homard

le bateau

l'îlot

la lagune

les buissons

la source

le bloc de pierre

le ruisseau

la canne à pêche

le pêcheur

les filets de pêche

la perle

les huîtres

age

les galets

le porcelet

LE MOT À TROUVER

Trouve le mot correspondant à la définition. A la fin tu pourras lire verticalement: ce que désire tout le monde, ou presque!

1. Elles se forment quand la mer est agitée.
2. On peut en trouver dans le sable.
3. Petite embarcation légère.
4. Un animal en forme d'étoile.
5. Touffes d'herbes.
6. Où naît le ruisseau.
7. On y trouve les coraux.
8. Il répète tout ce qu'il entend.
9. Bateau long et étroit.
10. On l'utilise pour attraper des poissons.
11. Arbres des régions tropicales.
12. Elle longe la mer.
13. Il utilise un filet ou une canne à pêche.
14. Petite île.
15. Petit cochon.
16. Oiseau marin.
17. Heureux celui qui en trouve une en ouvrant une huître.

18. Petit cours d'eau.
19. Il vit dans la mer, mais ne nage pas.
20. Il vaut mieux qu'il n'y en ait pas dans le ciel.
21. Les pierres de la plage.
22. Elle entoure l'île.

* _ _ _ _ _   _ _ _   _ _ _   _ _ _   _ _ _ _ _ _ _

62

LES MOTS CACHÉS

Retrouve dans la grille les mots de la liste. Les lettres qui restent forment le nom d'un personnage qui vivait sur une île.

```
C A N N E A P E C H E F
T M O U E T T E O U T I
O R I P E R L E Q I O L
R T X U A R O C U T I E
T E D P O B R E I R L T
U L E O I I E N L E E D
E E C I L C I U L S D E
D C O S O I M G A N E P
E R C S T E L A G S M E
M O O O O L A L E N E C
E P C N R U P S O E R H
R O C H E R S O U R C E
```

☒ canne à pêche	☐ huîtres	☐ poisson
☐ ciel	☐ îlot	☐ porcelet
☐ coquillage	☐ lagune	☐ rocher
☐ coraux	☐ mouette	☐ source
☐ étoile de mer	☐ noix de coco	☐ tortue de mer
☐ filet de pêche	☐ palmier	
☐ galets	☐ perle	

* _ _ _ _ _ _ _ _ _   _ _ _ _ _ _

Hugues & Pierre

Vous allez pêcher?

Non, nous allons récupérer d'anciennes pièces d'or...

...découvertes récemment par un groupe de jeunes.

Le musée de la ville nous a chargés de les récupérer.

Attendez! Je vous prends en photo!

Quelques heures plus tard...

Les deux scaphandriers sont revenus! Allons les voir!

Nous avions récupéré les pièces de monnaie...

...quand, tout à coup, la mer s'est agitée et a renversé le canot!

Les pièces sont retombées sur le fond, à un endroit trop profond.

Impossible de les récupérer de nouveau!

Nous regrettons beaucoup!

De toute façon, le musée apprécie votre tentative.

Il y a quelque chose qui n'est pas clair... Regarde!

Tu as raison!

Cela prouve qu'ils ont menti.

Avouez que vous avez volé les pièces.

Quelles preuves avez-vous pour nous accuser?

Une seule, mais décisive. Cette photo!

Quel est le détail révélateur de la photo?

L'HOMME ET LA MER

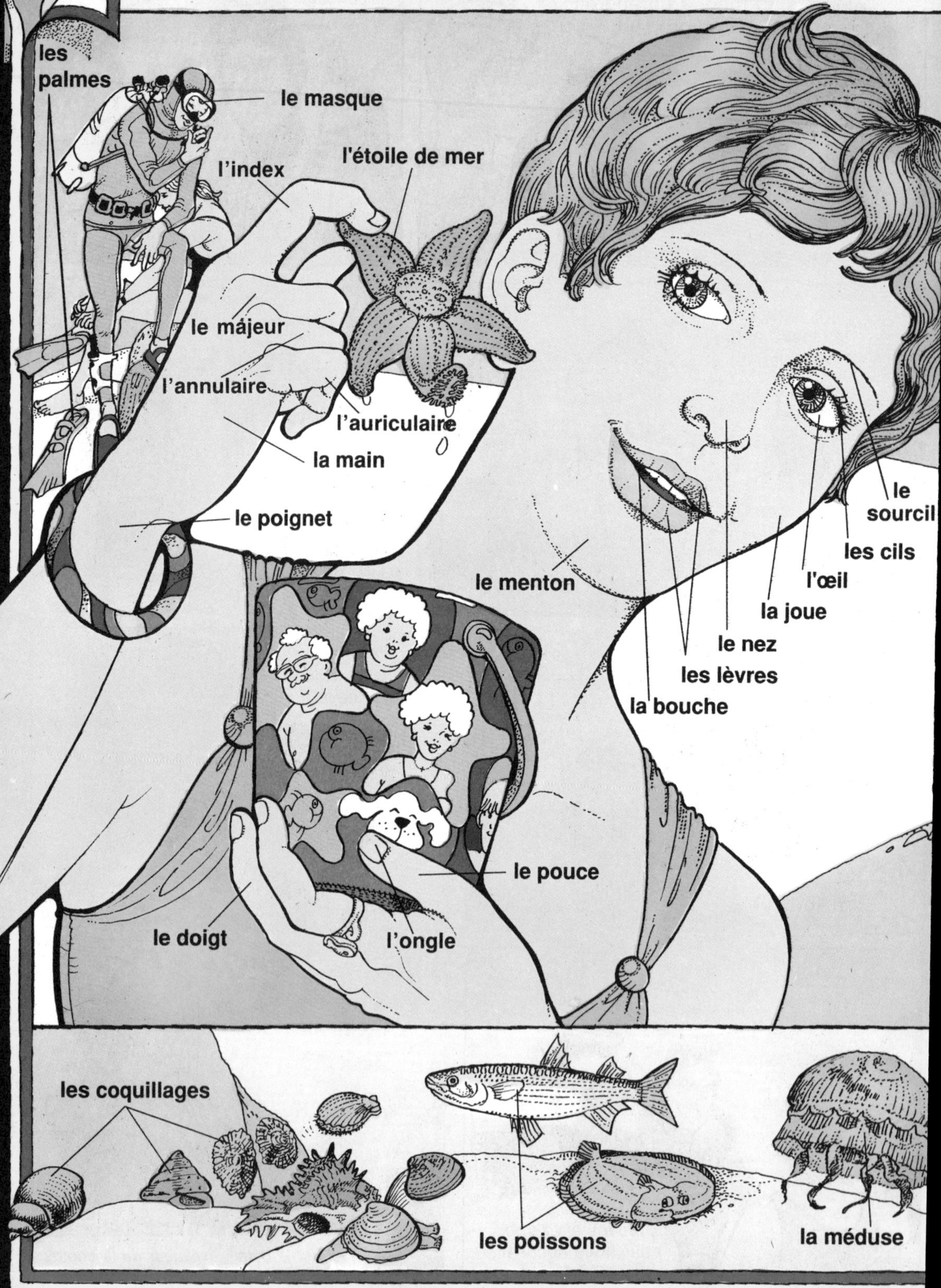

les palmes

le masque

l'index

l'étoile de mer

le majeur

l'annulaire

l'auriculaire

la main

le poignet

le menton

le sourcil

les cils

l'œil

la joue

le nez

les lèvres

la bouche

le pouce

le doigt

l'ongle

les coquillages

les poissons

la méduse

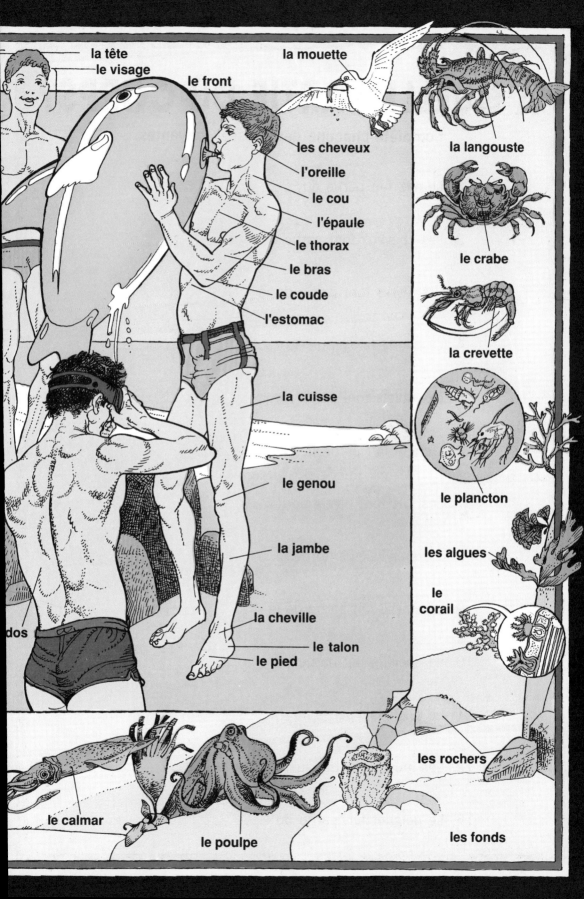

la tête
le visage
le front
la mouette
les cheveux
l'oreille
le cou
l'épaule
le thorax
le bras
le coude
l'estomac
la langouste
le crabe
la crevette
la cuisse
le genou
la jambe
le plancton
les algues
le corail
la cheville
le talon
le pied
dos
les rochers
le calmar
le poulpe
les fonds

A QUELLE PARTIE DU CORPS?

Complète chacune des phrases suivantes.

1. Le nez fait partie du .... visage ....

2. Les cheveux font partie de la ....

3. Les lèvres font partie de la ....

4. Le coude fait partie du ....

5. Les doigts font partie de la ....

6. L'ongle fait partie du ....

7. Les cils font partie de l'...............................

8. L'oreille fait partie de la ....

9. La cuisse fait partie de la ....

10. La cheville fait partie du ....

11. Le talon fait partie du ....

12. Les muscles pectoraux font partie du ....

13. Le poignet fait partie du ....

LA PHOTO DE GROUPE

Lis les phrases ci-dessous et donne un nom à chacun de nos sympathiques amis.

- Richard a les cheveux noirs

- André a les cheveux courts

- Louis a la barbe et les cheveux châtains

- Marine a les cheveux blonds et raides

- Louise n'a pas les cheveux raides

- Jean n'a ni barbe ni moustache

- Anne n'a pas les cheveux blonds

- Valérie a les cheveux ondulés et noirs

1. ....

2. ....

3. ....

4. ....

5. ....

6. ....

7. ....

8. ....

DÉCOUVRE LE MESSAGE

POUCE	LE	NEZ	MENTON	CORPS
HUMAIN	INDEX	COMPTE	TALON	AURICULAIRE
OEIL	GROS ORTEIL	MAJEUR	ENVIRON	BOUCHE
203	COLONNE VERTEBRALE	GENOU	ANNULAIRE	OS
CUISSE	COEUR	CRANE	CERVEAU	CHEVILLE

- Raye les noms qui se rapportent à la main
- Raye les noms des parties du squelette
- Raye les noms qui se rapportent au pied
- Raye les noms qui se rapportent à la jambe
- Raye les noms qui se rapportent au visage
- Raye les noms de deux organes

En lisant les mots qui restent, tu pourras lire que...

* _____

_____

_____

CURIOSITÉS EN FORME DE JEU

1. Le squelette de l'homme a:
- ❏ **a)** 75 os
- ❏ **b)** 320 os
- ☒ **c)** 203 os

2. Les muscles représentent:
- ❏ **a)** 15 - 20% du poids du corps
- ❏ **b)** 36 - 40% du poids du corps
- ❏ **c)** 50 - 60% du poids du corps

3. Les insectes:
- ❏ **a)** N'ont pas de muscles
- ❏ **b)** Ont des muscles très fins mais puissants
- ❏ **c)** N'ont qu'un seul muscle

4. La chenille a:
- ❏ **a)** Plus de muscles qu'un homme
- ❏ **b)** Moins de muscles qu'un homme
- ❏ **c)** Un seul muscle

5. Une fourmi peut transporter:
- ❏ **a)** Seulement de petits poids
- ❏ **b)** Des poids 50 fois plus lourds que le sien
- ❏ **c)** Le double de son poids

6. Le squelette du poisson s'appelle:
- ❏ **a)** L'épine dorsale
- ❏ **b)** L'os
- ❏ **c)** L'arête

7. Ton cœur bat:
- ❏ **a)** Environ 70 fois par minute
- ❏ **b)** Environ 90 fois par minute
- ❏ **c)** Moins de 40 fois par minute

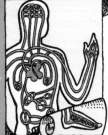

8. Pour faire un tour complet le sang met:
- ❏ **a)** Environ 10 secondes
- ❏ **b)** Une minute
- ❏ **c)** 3 secondes

9. Nous respirons:
- ❏ **a)** Environ 16 fois par minute
- ❏ **b)** Environ 20 fois par minute
- ❏ **c)** Environ 10 fois par minute

10. Le sang parcourt:
- ❏ **a)** 1 mètre par seconde
- ❏ **b)** 3 mètres par seconde
- ❏ **c)** 50 cm. par seconde

AU PÔLE-NORD

les bœufs musqués le goéland

les harpons

l'élan

le kayak

l'igloo

le tricot de corps

la jupe

le collant de laine

la chemise

le survêtement

le bonnet

le pyjama

les chaussettes

l'arbre de Noël

l'écharpe

le morse   les bottes en caoutchouc les brodequins   les lunettes

QUAND LES MOTS SE CROISENT

Horizontalement

X. Ils tirent le traîneau.
6. Les Esquimaux l'utilisent pour prendre le poisson.
8. On les met quand il pleut.
12. Pull-over.
15. Un mammifère qui vit dans l'eau.
16. On le met quand on va se coucher.
17. Animal qui vit dans la neige et la glace.
18. Il ressemble au renne.

Verticalement

1. Sorte de grosse veste chaude utilisée dans les régions froides.
2. Habitation du Pôle Nord.
3. Vêtement chaud et souple utilisé pour le sport ou pour la maison.

4. Blouson avec capuchon.
5. Ce gros mammifère marin a deux défenses.
7. Il a de grandes cornes et les Esquimaux l'utilisent pour leurs travaux et leur alimentation.
9. Le bateau des Esquimaux.
10. Peut être en laine.
11. On le met sur la tête quand il fait froid.
12. On le met sur la tête, mais ce n'est pas un bonnet.
13. Elle est généralement accompagnée d'une cravate.
14. Vêtement féminin.

VRAI ou FAUX?

Observe attentivement le scène sur le pôle-nord et réponds par vrai ou faux.

	V	F
1. Il y a un seul igloo.	☐	☒
2. Il y a un arbre de Noël.	☐	☐
3. La jeune fille dans l'igloo porte un collant de laine.	☐	☐
4. Il y a des vêtements dans l'igloo.	☐	☐
5. Un avion arrive.	☐	☐
6. Il y a deux phoques.	☐	☐
7. Un esquimau est en train de pêcher.	☐	☐
8. Pour pêcher l'esquimau utilise une canne à pêche.	☐	☐
9. La baleine est un gros poisson.	☐	☐
10. La canadienne est une veste avec un capuchon.	☐	☐
11. Le traîneau est tiré par des chiens.	☐	☐
12. Le bateau qui peut naviguer au pôle-nord s'appelle brise-glace.	☐	☐
13. Le bateau qu'utilisent les esquimaux est la pirogue.	☐	☐

LE PULL-OVER

Complète le dialogue entre le **vendeur** et la **cliente** en choisissant les phrases qui conviennent parmi celles qui se trouvent ci-dessous.

Vendeur: Puis-je vous aider?

Cliente: ....

Vendeur: Tout de suite. Quelle taille voulez-vous?

Cliente: ....

Vendeur: De quelle couleur le voulez-vous?

Cliente: ....

Vendeur: Que pensez-vous de celui-ci?

Cliente: ....

Vendeur: Vous voulez l'essayer?

Cliente: ....

Vendeur: Il y a une cabine là-bas.

Cliente: ....

(La cliente l'essaye)

Vendeur: Comment vous va-t-il?

Cliente: ....

Vendeur: Bon, je vous le mets dans un sac.

Cliente: ....

1. Il est joli.

2. Bien. Il me plaît. Je le prends.

3. Oui, merci! Je voudrais un pull-over.

4. Merci! Combien coûte-t-il?

5. Heu... le 38.

6. Oui, merci.

7. Rouge, de préférence.

8. J'en ai pour un instant.

LES MOTS CACHÉS ?

Retrouve dans la grille les mots de la liste. Les lettres qui restent forment le nom d'un animal très utile pour les habitants du Pôle Nord.

S	U	R	V	E	T	E	M	E	N	T	B
M	R	E	N	I	E	L	A	B	C	R	R
O	E	G	L	A	C	I	E	R	I	A	O
R	N	H	K	A	Y	A	K	S	I	I	D
S	N	P	B	O	T	T	E	S	E	N	E
E	E	H	O	O	L	G	I	N	D	E	Q
K	S	O	E	E	L	A	N	T	R	A	U
A	■	Q	H	A	R	P	O	N	A	U	I
R	G	U	C	I	T	E	N	N	O	B	N
O	A	E	G	O	E	L	A	N	D	N	S
N	N	O	U	R	S	B	L	A	N	C	E
A	T	S	E	T	T	E	N	U	L	A	U

- ☒ anorak
- ☐ baleine
- ☐ bonnet
- ☐ bottes
- ☐ brise-glace
- ☐ brodequins
- ☐ élan

- ☐ gant
- ☐ glacier
- ☐ goéland
- ☐ harpon
- ☐ igloo
- ☐ Kayak
- ☐ lunettes

- ☐ morse
- ☐ ours blanc
- ☐ phoque
- ☐ renne
- ☐ survêtement
- ☐ traîneau

* _ _ _ _ _   _ _   _ _ _ _ _ _ _ _

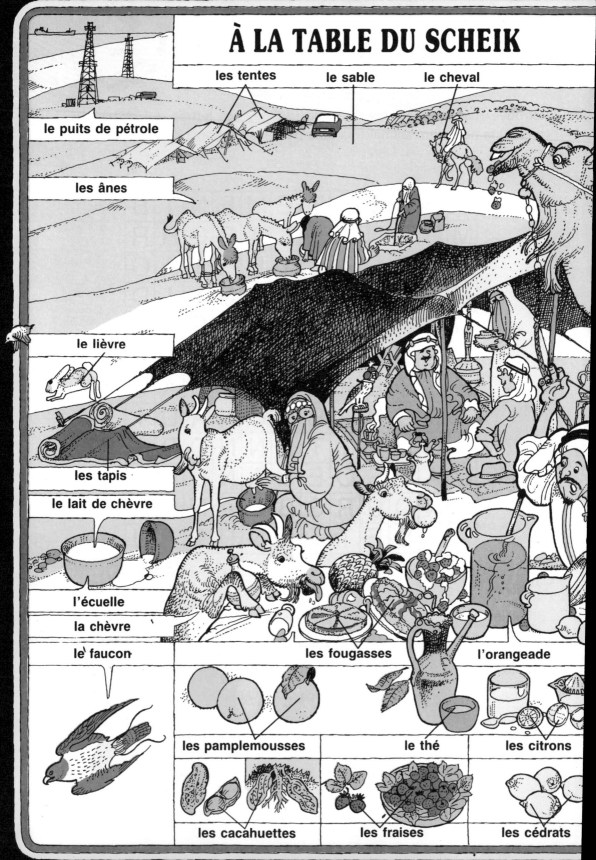

À LA TABLE DU SCHEIK

les tentes

le sable

le cheval

le puits de pétrole

les ânes

le lièvre

les tapis

le lait de chèvre

l'écuelle

la chèvre

le faucon

les fougasses

l'orangeade

les pamplemousses

le thé

les citrons

les cacahuettes

les fraises

les cédrats

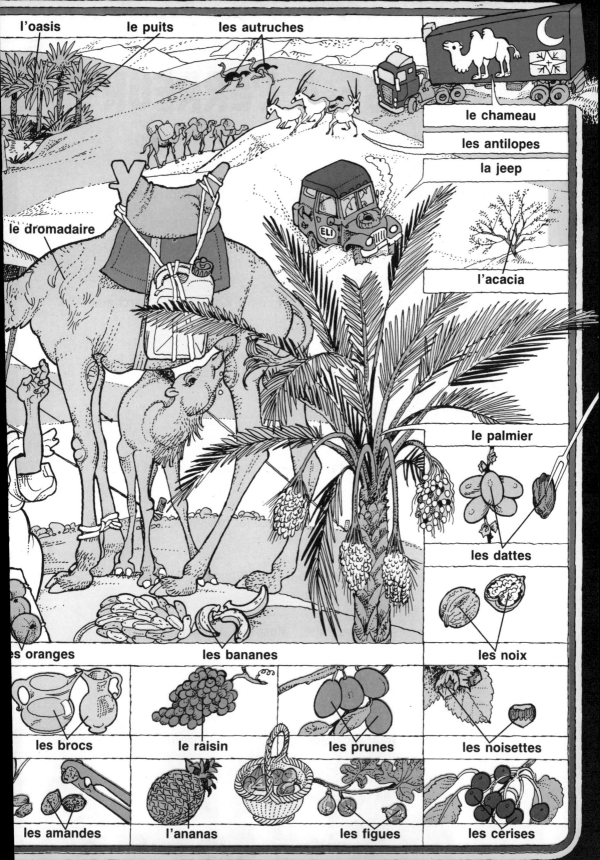

l'oasis

le puits

les autruches

le chameau

les antilopes

la jeep

l'acacia

le dromadaire

le palmier

les dattes

les noix

es oranges

les bananes

les brocs

le raisin

les prunes

les noisettes

les amandes

l'ananas

les figues

les cerises

CHASSE À L'ERREUR

Ce récit contient des erreurs. À toi de les trouver!

Les scheik vivent au Canada où ils s'occupent principalement de l'élevage. Leur pays est couvert de zones marécageuses, c'est pourquoi, pour se déplacer, ils utilisent des chameaux et des éléphants, car ces animaux peuvent rester très longtemps sans dormir.

Le chameau a une bosse tandis que le dromadaire en a deux. Dans le désert, on trouve des oasis, petites zones très vertes où poussent des arbres très particuliers et qui s'appellent les dattes.

On y trouve aussi des lacs salés, ainsi que des palmiers qui donnent des fruits délicieux appelés cacahuettes.

Comme ils se déplacent souvent, les nomades habitent des maisons faites avec de la boue séchée.

QUEL DÉSASTRE!

Retrouve les fruits et écris leur nom ci-dessous.

les cerises _____ _____ _____

_____ _____ _____

_____ _____ _____

_____ _____ _____

_____ _____ _____

_____

DIANE

Il y a eu un vol. Quelqu'un a volé le collier de Madame Leblanc.

Pendant que nous dînions, il y a eu une panne de courant!

Elle n'a duré que quelques minutes.

Donc le voleur a été rapide.

Oui, mais je ne me suis aperçue de rien!

Malheureusement, notre générateur de secours n'a pas fonctionné...

C'est étrange! Puis-je le voir?

Voilà la cause! Quelqu'un a coupé les fils.

Mais qui a bien pu faire ça?

82

N'importe qui peut être entré ici avec l'excuse d'aller aux toilettes.

Il n'y avait que trois personnes et elles étaient toutes à la table de Madame Leblanc.

Les trois personnes sont interrogées.

Je suis un homme d'affaires respectable, et je n'ai rien vu ni entendu.

Je suis employé à l'E.D.F et moi non plus je ne me suis aperçu de rien...

Moi, je suis un artiste! Je n'aime pas toutes ces questions.

Le voleur a dû lancer le collier par la fenêtre à un complice.

J'appelle la police...

Si vous voulez! Je connais le coupable!

As-tu deviné qui a volé le collier?

Le coupable est...

UNE FÊTE ENTRE AMIS

le disque   la pochette du disque   le bouquet de fleurs   les invités

la musique

les bonbons

la paille

le tourne-disque

le disque compact

le verre en carton

les glaces

les paquets

l' appareil-photo

les cartes

les serviettes en papier   le cadeau   le papier cadeau   le noeud/ la faveur

les ballons les décorations

les chocolats

le gâteau

la tarte

la boisson

les olives

les assiettes en carton

les couverts

les canapés

les photos les petits fours la nappe

VRAI OU FAUX?

Observe attentivement la scène sur la fête et réponds par vrai ou faux.

	V	F
1. Il y a plus de 13 personnes	❏	☒
2. Il y a deux chiens	❏	❏
3. Une jeune fille prend une photo	❏	❏
4. Quatre personnes portent un chapeau	❏	❏
5. Le tourne-disque est allumé	❏	❏
6. Des invités arrivent	❏	❏
7. Une jeune fille est habillée en noir	❏	❏
8. Il y a un gâteau à manger	❏	❏
9. Parmi les bonnes choses à manger il y a des biscuits ...	❏	❏
10. Dix photos ont été prises	❏	❏
11. Il y a des paquets-cadeaux	❏	❏
12. Deux chiens sont en train de tirer la nappe	❏	❏
13. Il y a des glaces sur la table	❏	❏
14. Un invité porte des fleurs	❏	❏
15. La jeune fille vêtue de vert mange	❏	❏
16. Les assiettes et les verres sont en carton	❏	❏
17. Il n'y a que des choses sucrées à manger	❏	❏

LES MOTS CROISÉS

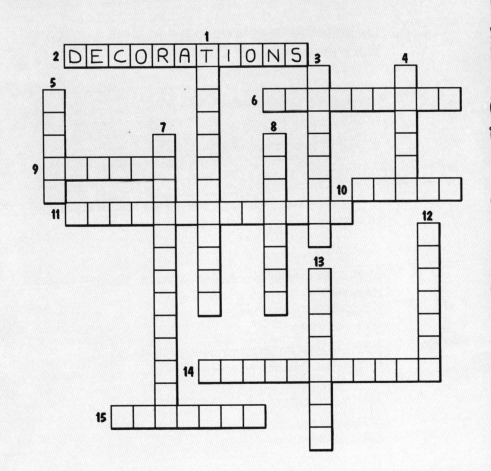

2. D E C O R A T I O N S

1. Il permet de faire entendre un disque.
2. On les met pour rendre une fête plus gaie.
3. Fourchettes, couteaux, cuillères...
4. Ce peut être un plaisir, un service, mais aussi un ruban.
5. Elle protège la table.
6. Tous les gourmands les aiment.
7. Même si on le fait tomber, il ne se casse pas!
8. Elle protège le disque.
9. On l'utilise pour boire en aspirant.
10. Elle peut être au fruit, à la confiture.
11. C'est grâce à lui que l'on immortalise certains moments, certaines occasions.
12. Les personnes qui viennent à la fête: les...
13. Il en faut pour désaltérer les invités.
14. Petits gâteaux.
15. Petites tranches de pain garnies.

SYLVIE ET ANDRÉ

Lis attentivement le dialogue et mets à la bonne place les phrases qui manquent.

A. Salut, Sylvie! Charles et moi avons décidé d' organiser une fête chez moi pour cet après- midi.
....

B. Disons, vers trois heures. Ça te va?
....
....

C. Eh bien!... Moi, je peux acheter les assiettes et les verres en carton.
....
....

D. Très bien! Nous avons donc dit: verres, assiettes, canapés, boissons...
....
....

E. Bonne idée! Pourquoi ne prépares- tu pas un beau gâteau? Tu sais si bien les faire!
....
....

F. Attends! Aujourd' hui c' est dimanche... les magasins sont fermés.
....

1. Que dirais-tu de quelques gâteaux aussi?
2. Oui, c'est parfait. Mais, dis-moi, André, comment faisons- nous pour l'organisation?
3. D' accord! Je vais acheter des oeufs frais pour en faire un...
4. Alors moi, je m'occupe des canapés et des boissons.
5. Tant pis! Nous nous amuserons bien, quand même!
6. À quelle heure?

GÂTEAU SURPRISE

Récris la recette dans le bon ordre.

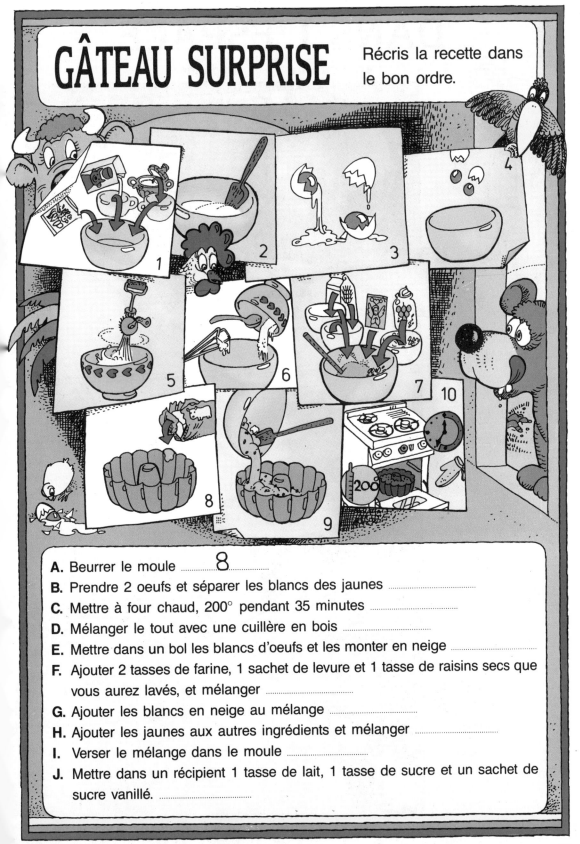

A. Beurrer le moule .... 8 ....

B. Prendre 2 oeufs et séparer les blancs des jaunes ....

C. Mettre à four chaud, 200° pendant 35 minutes ....

D. Mélanger le tout avec une cuillère en bois ....

E. Mettre dans un bol les blancs d'oeufs et les monter en neige ....

F. Ajouter 2 tasses de farine, 1 sachet de levure et 1 tasse de raisins secs que vous aurez lavés, et mélanger ....

G. Ajouter les blancs en neige au mélange ....

H. Ajouter les jaunes aux autres ingrédients et mélanger ....

I. Verser le mélange dans le moule ....

J. Mettre dans un récipient 1 tasse de lait, 1 tasse de sucre et un sachet de sucre vanillé. ....

DANS L'ESPACE

l'extraterrestre

l'androïde

la station sur Mars

l'orbite lunaire

le LEM

le véhicule pour l'exploration lunaire

la sonde

la soucoupe volante

la navette spatiale

les planètes

le soleil

l'astronaute/le cosmonaute

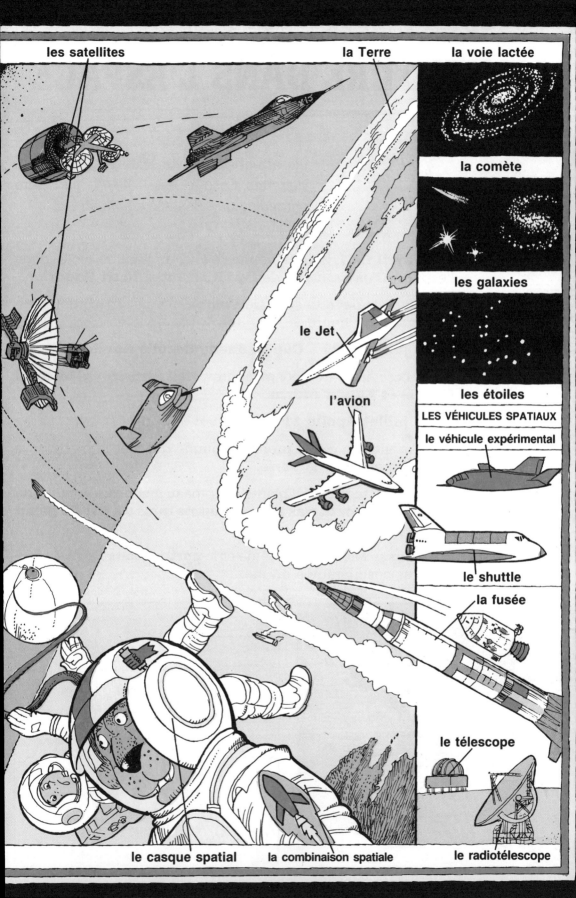

les satellites

la Terre

la voie lactée

la comète

les galaxies

les étoiles

LES VÉHICULES SPATIAUX

le véhicule expérimental

le Jet

l'avion

le shuttle

la fusée

le télescope

le casque spatial

la combinaison spatiale

le radiotélescope

L'AVENTURE DANS L'ESPACE

Lis attentivement le texte et observe les vignettes. Ensuite, essaie de rétablir l'ordre chronologique des scènes illustrées.

Le **12 avril 1961**, pour la première fois, un homme «vole» dans l'espace. C'est le major de l'aviation russe **Iouri Gagarine**.

A bord de la navette spatiale **Vostok**, il vole en orbite terrestre pendant 1 heure 48 minutes.

Le **16 juillet 1969** à **Cap Kennedy décolle Apollo 11**.

A son bord, il y a trois cosmonautes: **Neil Armstrong, Michael Collins et Edwin Aldrin**.

Le **20 juillet Apollo 11** se pose sur la Lune.

Neil Armstrong est le premier homme qui met le pied sur le sol du satellite de la Terre.

Au moment même où il plante le drapeau américain Armstrong dit: **«C'est un petit pas pour l'homme mais un pas de géant pour l'humanité»**.

Le retour se fait sans problème et le **porte-avions Hornet** récupère les cosmonautes en mer.

A..............

B..............

C 1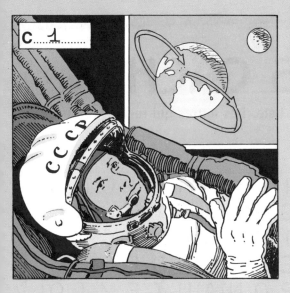

D

E

F

G

H

LES MOTS CACHÉS

Retrouve dans la grille les mots de la liste. Les lettres qui restent te disent ce qu'a été Iouri Gagarine:

- ☒ androïde
- ☐ astronaute
- ☐ avion
- ☐ casque
- ☐ combinaison
- ☐ comète
- ☐ espace
- ☐ étoiles
- ☐ extraterrestre
- ☐ fusée
- ☐ galaxies
- ☐ lune
- ☐ navette spatiale

E	P	O	I	R	O	N	A	V	I	O	N	S
X	N	R	G	A	L	A	X	I	E	S	A	O
T	C	B	I	D	E	T	E	M	O	C	V	U
R	A	I	E	I	S	O	N	D	E	O	E	C
A	S	T	R	O	N	A	U	T	E	M	T	O
T	Q	E	E	T	E	N	A	L	P	B	T	U
E	U	L	T	E	S	D	F	T	R	I	E	P
R	E	U	O	L	P	R	U	E	S	N	S	E
R	D	N	I	E	A	O	S	R	H	A	P	V
E	E	A	L	S	C	I	E	R	U	I	A	O
S	L	I	E	C	E	D	E	E	T	S	T	L
T	E	R	S	O	L	E	I	L	T	O	I	A
R	S	E	P	P	A	E	N	U	L	N	A	N
E	S	A	T	E	L	L	I	T	E	C	L	T
V	O	I	E	L	A	C	T	E	E	E	E	E

- ☐ orbite lunaire
- ☐ planète
- ☐ radiotélescope
- ☐ satellite

- ☐ soleil
- ☐ sonde
- ☐ soucoupe volante
- ☐ shuttle

- ☐ terre
- ☐ voie lactée

* _ _ _ _ _ _ _ _ _ _ _ _ _ _ _ _ ,

94

NOUVELLES DE L'ESPACE

Complète l'histoire à l'aide des mots de la liste.

Une nouvelle et curieuse ....mission spatiale....
est prévue à la Nasa pour la fin du mois de Juin. Une
.... spéciale sera lancée de la base
de lancement américaine.

Ce véhicule emportera dans sa soute un ....
plus petit lié au shuttle par un cable de 20 kilomètres de long.

Quand le shuttle se trouvera en ....
autour de la .... il fera sortir cette sorte
de ballon de 160m de diamètre, pesant 720 kg, attaché à
un fil comme un vrai ballon.

Dans l'espace, parmi les .... et les
.... le petit satellite effectuera une longue
série d'.. Puis les ....
tireront le fil et le «ballon» fera

....

dans la soute du shuttle.

☐ astronautes ☐ constellations ☒ mission
spatiale ☐ navette spatiale ☐ orbite
☐ observations scientifiques ☐ planètes
☐ retour ☐ satellite ☐ Terre

Indice

SOLUTIONS

Page 8: A. 5, B. 7, C. 2, D. 10, E. 6, F. 4, G. 3, H. 9, I. 8, J. 1.

Page 9: 1. le bar, 2. la bibliothèque, 3. le bureau de poste, 4. le supermarché, 5. le restaurant, 6. l'école, 7. le cinéma, 8. la banque.

Page 10/11: C'est le premier électricien car il sait la longueur du tournevis sans que personne ne l'ait encore ôté de la maquette.

Page 14: 1. b, 2. b, 3. a, 4. a, 5. c, 6. b, 7. b, 8. a, 9. c, 10. c, 11. b, 12. c.

Page 15: le clé de contact - 1; la ceinture de sécurité - 14; le coffre - 5; le phare - 8; la vitre - 4; le pare-chocs - 11; le pneu - 9; le siège - 6; le rétroviseur - 3; la portière - 13; l'essuie-glace - 12; la plaque d'immatriculation - 10; le volant - 2; le capot - 7.

Page 16: 1. sous-marins, 2. péniches, 3. bicyclette, 4. portière, 5. autopompes, 6. tracteur, 7. ambulances, 8. ceinture, 9. camping car, 10. remorque, 11. dirigeable, 12. brouette, 13. deltaplane.

Page 17: A. 2, B. 5, C. 4, D. 1, E. 8, F. 6, G. 3, H. 7.

Page 20: A. 8, B. 7, C. 4, D. 3, E. 9, F. 2, G. 1, H. 6, I. 5.

Page 21: Paris, le 30-11-1991. Chère Martine, Samedi prochain je fête mon anniversaire. J'ai invité tous mes amis et mes camarades de classe. Le rendez-vous est fixé à 18 heures chez moi. J'espère que tu seras des nôtres. Ta présence me ferait très plaisir. Je suis certaine que nous nous amuserons beaucoup! Je t'attends. Salut! Emmanuelle.

Page 22/23: Le vendeur est daltonien donc il n'a pas reconnu le timbre rouge et il l'a placé avec d'autres timbres.

Page 26: 1. guitariste, 2. guitare, 3. disque, 4. pianiste, 5. batteur, 6. orchestre, 7. trompette, 8. cassette, 9. chanteur, 10. disquaire, 11. groupe, 12. discothèque, 13. micro, 14. console, 15. lumière, 16. casque, 17. piste, 18. danse, 19. partition, 20. barman, 21. cymbales.

Page 27: Grace Jones.

Page 28: Martine - trompette, Richard - piano, Roger - batterie, Élise - saxophone, André - violon, Georges - guitare.

Page 29: * Boîte.

Page 32: 1. le décor, 2. la barbe, 3. le souffleur, 4. le chef d'orchestre, 5. le spectateur, 6. la perruque, 7. le rideau, 8. le projecteur.

Page 33: 1. figurant, 2. chef d'orchestre, 3. metteur en scène, 4. loge, 5. maquilleuse, 6. accessoiriste, 7. manuscrit, 8. électricien, 9. souffleur, 10. guichet des billets, 11. acteurs, 12. rideau.

Page 34/35: Le clown a des chaussures très grandes. Les empreintes dans le jardin sont les siennes. C'est lui le coupable.

Page 38: Espagne 1, Italie 3, Kenya 2, Suisse 8, Australie 5, Allemagne 6, Écosse 7, France 4.

Page 39: 1. b, 2. c, 3. a, 4. c, 5. b, 6. c, 7. b, 8. b, 9. a, 10. c, 11. b, 12. a, 13. b.

Page 40: 1. passagers, 2. avion, 3. hublot, 4. chariot à bagages, 5. tour de contrôle, 6. passerelle: * Pilote.

Page 41: 1. pilote, 2. piste, 3. bord, 4. autopompe, 5. passerelle, 6. aile, 7. policier, 8. passager, 9. chariot, 10. aéroport, 11. bagages, 12. douanier, 13. cabine, 14. steward, 15. réacteur, 16. touristes, 17. gouvernail, 18. horloge, 19. copilote, 20. hôtesse.

Page 44: 1. poussin, 2. tente, 3. cascade, 4. poule, 5. village, 6. vache, 7. rivière, 8. route, 9. buisson, 10. ferme, 11. moutons, 12. neige, 13. colline, 14. champ, 15. glacier, 16. fleur.

Page 46/47: Les voleurs ont seulement changé les numéros des caisses pour tromper Hugues et Pierre et puis revenir avec calme prendre les vases chinois.

Page 50: Horizontalement: 1. ouvre bouteilles, 4. moto, 5. barbecue, 8. piquets, 10. hamac, 11. sac à dos, 15. lampe, 16. pinède. **Verticalement:** 1. ouvre-boîtes, 2. trousse d'urgence, 3. lit de camp, 6. casque, 7. lampe-torche, 9. caravane, 12. pont, 13. noeud, 14. pré.

Page 51: A. 3, B. 4, C. 2, D. 6, E. 5, F. 1.

Page 52: 1. F, 2. V, 3. F, 4. V, 5. V, 6. F, 7. F, 8. V, 9. F, 10. F, 11. V, 12. F, 13. V, 14. V, 15. F.

Page 53: * Camping-car.

Page 55: la mouette, écrevisse, dauphins, l'aigle, loup, marmotte, renard, lièvre.

Page 56: 1 b, 2. c, 3. a, 4. c, 5. b, 6. a, 7. c, 8. b, 9. a, 10. b, 11. a, 12. c, 13. b, 14. c.

Page 57: 1. museau, 2. crinière, 3. plumes, 4. ailes, 5. branchies, 6. défenses. / 1. essaim, 2. banc, 3. vol, 4. troupeau, 5. groupe, 6. colonie, 7. meute, 8. nichée, 9. couvée.

Page 58: * Loup.

Page 59: 1. crocodile, 2. loup, 3. poule, 4. cheval, 5. éléphant, 6. canard, 7. poisson.

Page 62: 1. vagues, 2. coquillages, 3. barque, 4. étoile de mer, 5. buissons, 6. source, 7. barrière de corail, 8. perroquet, 9. canoë, 10. filet de pêche, 11. palmiers, 12. plage, 13. pêcheur, 14. îlot, 15. porcelet, 16. mouette, 17. perle, 18. ruisseau, 19. crabe, 20. nuages, 21. galets, 22. mer; * Vivre sur une île tropicale.

Page 63: *Robinson Crusoé.

Page 64/65: L'un des scaphandriers a une bouteille à air comprimé de plus que lorsqu'il était parti. Dans la deuxième bouteille, se trouvent les pièces d'or.

Page 68: 1. visage, 2. tête, 3. bouche, 4. bras, 5. main, 6. doigt, 7. oeil, 8. tête, 9. jambe, 10. pied, 11. pied, 12. thorax, 13. bras.

Page 69: 1. Richard, 2. Marine, 3. Jean, 4. Louise, 5. André, 6. Valérie, 7. Anne, 8. Louis.

Page 70: * Le corps humain compte environ 203 os.

Page 71: 1. c, 2. b, 3. b, 4. a, 5. b, 6. c, 7. a, 8. b, 9. a, 10. c.

Page 74: Horizontalement: 1. chiens de traîneau, 6. harpon, 8. bottes, 12. chandail, 15. baleine, 16. pyjama, 17. ours blanc, 18. élan. **Verticalement:** 1. canadienne, 2. igloo, 3. survêtement, 4. anorak, 5. morse, 7. renne, 9. kayak, 10. collant, 11. bonnet, 12. chapeau, 13. chemise, 14. jupe.

Page 75: 1. F, 2. V, 3. V, 4. V, 5. F, 6. V, 7. V, 8. F, 9. F, 10. F, 11. V, 12. V, 13. F.

Page 76: *Puis-je vous aider?* Oui, merci! Je voudrais un pull-over. - *Tout de suite. Quelle taille voulez-vous?* Heu... le 38 - *De quelle couleur le voulez-vous?* Rouge, de préférence. - *Que pensez-vous de celui-ci!* Il est joli. - *Vous voulez l'essayer?* Oui, merci. - *Il y a une cabine là-bas.* J'en ai pour un instant. - *Comment vous va-t-il?* Bien. Il me plaît. Je le prends. - *Bon, je vous le mets dans un sac.* Merci! Combien coûte-t-il?

Page 77: * Chien de traîneau.

Page 80: Canada, zones marécageuses, éléphants, dormir, une bosse, deux, dattes, lacs salés, cacahuettes, boue séchée.

Page 81: les cerises, les oranges, l'ananas, les noix, les figues, les fraises, les prunes, les dattes, les noisettes, le raisin, les bananes, les cacahuettes, les pamplemousses, les cédrats, les amandes...

Page 82/83: C'est l'employé à l'E.D.F. Lui seul pouvait saboter le générateur de secours.

Page 86: 1. F, 2. V, 3. V, 4. F, 5. V, 6. V, 7. F, 8. V, 9. F, 10. F, 11. V, 12. F, 13. V, 14. V, 15. F, 16. V, 17. F.

Page 87: 1. tourne-disque, 2. décorations, 3. couverts, 4. faveur, 5. nappe, 6. chocolats, 7. verre en carton, 8. pochette, 9. paille, 10. tarte, 11. appareil photo, 12. invités, 13. boissons, 14. petits fours, 15. canapés.

Page 88: A 6, B 2, C 4, D 1, E 3, F 5.

Page 89: A 8, B 3, C 10, D 2, E 5, F 7, G 6, H 4, I 9, J 1.

Page 92: A 6, B 3, C 1, D 7, E 8, F 5, G 2, H 4.

Page 94: * Pionnier de l'espace.

Page 95: mission spatiale, navette spatiale, satellite, orbite, Terre, planètes, constellations, observations, astronautes, retour.